DISNEP PRÉSENTE UN FILM DE PIXAR

LES INCROYABLE
Joue et trouve

Phidal

© Disney Enterprises, Inc. et Pixar Animation Studios
2006 Produit et publié par les Éditions Phidal inc.
5740, rue Ferrier, Montréal (Québec) Canada H4P 1M7
Tous droits réservés
www.phidal.com
Traduction : Colette Laberge

ISBN 2-7643-0753-5

Imprimé en Chine
10 9 8 7 6 5 4 3 2 1

*Nous reconnaissons l'aide financière du gouvernement du Canada par l'entremise du PADIÉ
pour nos activités d'édition. Phidal bénéficie de l'appui financier de la Société de développement
des entreprises culturelles (SODEC). Gouvernement du Québec – Programme de crédit d'impôt
pour l'édition de livres – Gestion SODEC.*

Il y a 20 différences entre ces deux dessins. Tu les découvriras si tu cherches avec soin !

Comment fait-elle sans ses lunettes pour voir ce qui a poussé dans l'herbe verte ?

Il y a 20 différences entre ces deux dessins.
Tu les découvriras si tu cherches avec soin !

Est-ce que tu vois le mur abîmé ?
Et les lumières qui se sont allumées ?

Il y a 20 différences entre ces deux dessins.
Tu les découvriras si tu cherches avec soin !

De petits détails ont changé chez les futurs mariés et les invités.

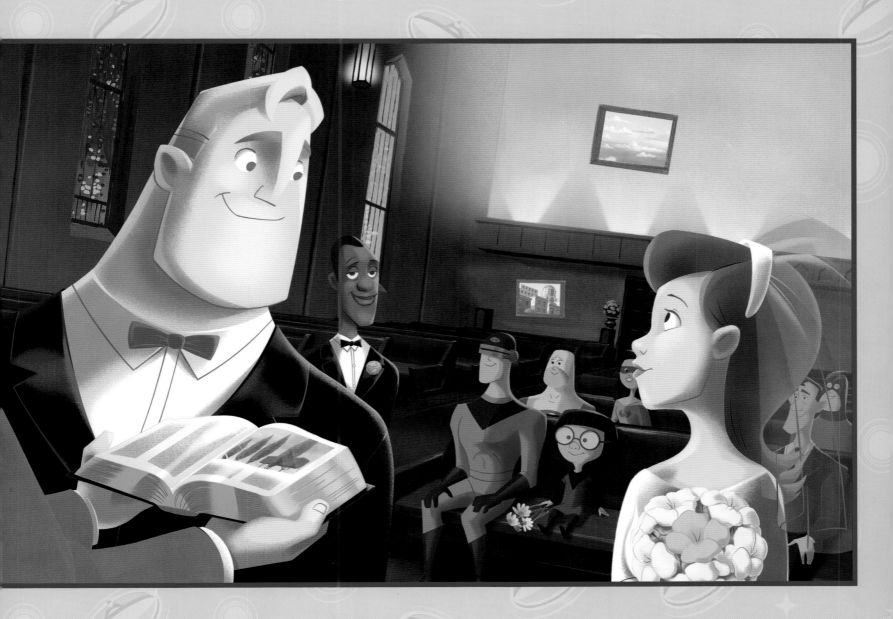

Il y a 20 différences entre ces deux dessins.
Tu les découvriras si tu cherches avec soin !

Trouve l'homme qui a perdu son chapeau et la femme qui a un nouveau micro.

Il y a 20 différences entre ces deux dessins.
Tu les découvriras si tu cherches avec soin!

Bien des objets ont changé de couleur.
Des feuilles se sont ajoutées sur le classeur.

Il y a 20 différences entre ces deux dessins. Tu les découvriras si tu cherches avec soin !

Réponses : 1. Les chaussures d'Hélène ont changé de couleur. **2.** Un bol sur la table est rouge. **3.** Il manque une des ampoules. **4.** Les chaussures de Violette sont orange. **5.** Un des verres de lait n'est plus sur la table. **6.** Le chemisier d'Hélène n'a plus de motifs. **7.** Il manque un plat sur l'étagère. **8.** La chaise de Jack Jack a changé de couleur. **9.** Des livres ont été ajoutés sur l'étagère. **10.** La lampe est d'une couleur différente. **11.** Un des cadres a disparu. **12.** Les pantalons de Bob sont verts. **13.** Le vase qui tombe a disparu. **14.** Le vase dans l'étagère a changé de couleur. **15.** Des fleurs ont été ajoutées dans le vase sur l'étagère. **16.** Le mur de brique a changé de couleur. **17.** La chemise de Rush a des motifs. **18.** Violette tient un attaché-case. **19.** Jack Jack ne tient plus sa cuiller. **20.** L'image dans le cadre restant a disparu.

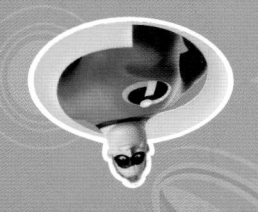

Qui a maintenant des pantalons verts ?
Qu'y a-t-il de plus sur l'étagère ?

Il y a 20 différences entre ces deux dessins.
Tu les découvriras si tu cherches avec soin !

Comment pourra-t-il lire l'heure ?
Ne vois-tu pas une fleur ?

Il y a 20 différences entre ces deux dessins.
Tu les découvriras si tu cherches avec soin !

Le patron a de nouvelles chaussettes.
Mais qu'est-il arrivé à ses lunettes ?

Il y a 20 différences entre ces deux dessins.
Tu les découvriras si tu cherches avec soin !

Un photographe prend des photos
de Syndrome qui apparaît dans ce chaos.

Il y a 20 différences entre ces deux dessins. Tu les découvriras si tu cherches avec soin !

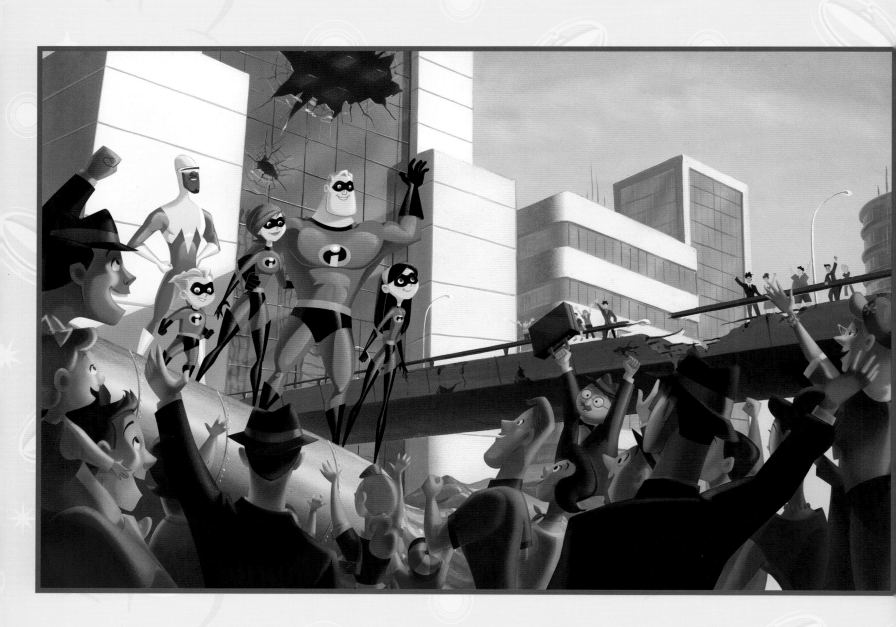

Regarde attentivement le viaduc, il y a plein de nouveaux trucs!

Il y a 20 différences entre ces deux dessins. Tu les découvriras si tu cherches avec soin !

Bob porte un nouveau veston
pour regarder courir son fiston.